Pedazos del alma

Pedazos del alma

Jean Paul Huber

www.librosenred.com

Dirección General: Marcelo Perazolo
Diseño de cubierta: Federico Achler

Está prohibida la reproducción total o parcial de este libro, su tratamiento informático, la transmisión de cualquier forma o de cualquier medio, ya sea electrónico, mecánico, por fotocopia, registro u otros métodos, sin el permiso previo escrito de los titulares del Copyright.

Primera edición en español - Impresión bajo demanda

© LibrosEnRed, 2015
Una marca registrada de Amertown International S.A.

ISBN: 978-1-62915-256-1

Para encargar más copias de este libro o conocer otros libros de esta colección visite www.librosenred.com

Prólogo

Rosa Montero, en su libro *La ridícula idea de no volver a verte*, dice: el verdadero dolor es indecible. Si puedes hablar de lo que te acongoja estás de suerte, eso significa que no es tan importante. Porque cuando el dolor cae sobre ti sin paliativos, lo primero que te arranca es la palabra.

En el caso de Jean Paul Huber, parece que es todo lo contrario, su dolor es tan grande por la amada perdida que solo se consuela con palabras, porque para colmo de sus cuitas él es poeta y la poesía está adherida en todo su cuerpo y en cada uno de sus poros, en cada saliva de sus besos, en las efímeras caricias que él presiente que son eternas. En su poema "Siento tanto", el poeta se expresa:

¿Por qué si siento tanto escribo tan poco?
Me duelen los recuerdos,
me duelen las caricias perdidas,
me duelen los besos no dados,
me duelen las ausencias,
me dueles en la distancia…
Me dueles tanto cuando no estás
que solo la distancia me hace pensarte,
Para ilusionarme con verte de nuevo.

En estos versos, que se incluyen casi al inicio del poemario, Jean Paul Huber descubre el telón para iniciarnos en el tema del libro: el amor, referido en todos los poemas a través de la unión de exquisitas palabras y bellas metáforas.

Para el poeta, el amor sensual es lo que sacude al ser humano, desde la amnesia que se produce en el hombre cuando la amada lo acaricia, lo besa o simplemente permanece a su lado en silencio. Pero no es una amnesia de olvido, es una enfermedad del espíritu. Tanto es así que en "Pedazos de alma", poema que da título al libro, dice que las pérdidas y los golpes de la vida harán que los amantes algún día puedan encontrar todos los pedazos del alma perdida.

El poeta lo reitera cuando, en "Tardes sin ti", exclama: "que sin ella comprende que la lejanía lo lastima porque esa tarde sin ella, le renueva el deseo de volver a verla".

Huber nos describe a su ser amado no solo en los momentos íntimos, sino también ante determinadas conductas que considera "imprudencias" y que tiernamente reprende expresando:
Eres tan dulce con tus caricias,
pero tan imprudente con lo que dices...
Eres tan delicada con tus detalles,
pero tan imprudente con las horas para tenerlos...
Eres tan sensible para quererme,
pero tan imprudente con tus arrebatos...

Pero al final todo se perdona porque en el transcurso de los versos él considera que con la pareja "simplemente vamos por la vida, compartiendo tiempo y pensamientos, caricias y sueños".

En uno de sus reclamos más logrados al referirse a las manos del ser amado, dice con un aliento febril "me hacen falta tus manos... para surcar la oscuridad de mis días".

Las palabras en el madrigal o en el soneto ¿qué significan, cómo utilizarlas cuando se trata de exaltar al amor? Jean Paul Huber se sincera con el lector al referirle que "con el corazón en mano, con el alma llena, con la sonrisa en los labios, con la fuerza del viento, con la libertad de los justos, con los sueños de los niños, con los anhelos de los héroes, así con el corazón en mano, de su puño y letra, así de simple, así de fuerte amor mío, así es como hoy te amo".

En fin, este libro de poemas es una *canción desesperada*. Para el querido y admirado Pablo Neruda, descubridor perdido en la infancia de niebla, el amor fue un naufragio.

Jean Paul Huber resume la relación pasional al pronunciar con voz queda:

Amada mía, ante nuestro inminente adiós,
me queda quererte tanto y morir a ratos,
guardarme en soledad para curar lo herido,
y sortear con tu recuerdo el resto de mis días.
Ignacio Otero Muñoz
Ciudad de México, junio de 2015

Buscando perderme

Ayer me evadí,
me negué,
y buscando perderme me encontré de nuevo…
Pensé que evadirme serviría,
para dejar de sentir un rato,
pero es inútil…
Esto no se sale de mi pecho,
No se sale de mi alma.

Frente a fuego

Y frente al fuego nos volvimos a jurar…
Juramentos vacíos,
juramentos sin sentido,
por las ganas de permanecer,
sin más contenido que las palabras huecas,
frente al fuego nos volvimos a jurar,
para esperar que la vida nos aniquile…

El tintero

Se me acaba la tinta pero no el sentimiento,
se me va la musa pero no las ganas,
se me acaba el amor pero no las ilusiones,
se me van las fuerzas…
Se me van los deseos…
Y se me va la vida...

Quizás habrá que empezar a llenar otro tintero.

Siento tanto

¿Por qué si siento tanto escribo tan poco?
Me duelen los recuerdos,
me duelen las caricias perdidas,
me duelen los besos no dados,
me duelen las ausencias,
me dueles en la distancia…
Me dueles tanto cuando no estás
que solo la distancia me hace pensarte,
para ilusionarme con verte de nuevo.

No quiero que se acabe

No quiero que se acabe lo que siento,
este hondo sentimiento de mi alma
me corre por el pecho,
revolotea en mi cabeza y yo...
sentado queriendo decir lo que siento...

¡Soy tan torpe!

No quiero que se acabe lo que siento,
porque me falta dolor para sentir más,
me falta dolor para seguir queriendo,
me falta dolor para sentir consuelo,
Este dolor recorre mis venas y yo...
Aquí sentado...
Esperando por tu caricia,
esperando por tu consuelo.

A LA DERIVA

Me miras con ese guiño,
me elevas al espacio
y entre tanto éxtasis…
me dejas a la deriva.

Me tocas con esas manos,
estremeces mi alma,
y entre tanto suspiro…
te guardas lo que ibas a decir.

Me besas con esos labios,
emocionas mi ser,
y entre tanto deseo,
sigo esperando por ti hasta que llegue nuestro día.

Cuento de hadas

Parece que vivo en un cuento de hadas
o en un mundo de fantasía,
me pasan tantas cosas
que ni siquiera las entiendo,
solamente me la paso sintiendo.

Vienen por allí unos pequeños duendecillos,
se la pasan haciendo travesuras,
de vez en vez me hacen caer,
por el simple hecho de reír.

A veces no me hacen gracia,
porque soy yo el que ha caído…
Siniestra diversión de ellos y mía,
porque quizás si ellos cayeran,
me reiría más yo.

Vaya forma de diversión esta
de hacernos daño a cada rato,
de reírnos de la desgracia del otro,
más que cuento parece una pesadilla.

Pero no todo es malo en esta fantasía,
a veces vienen las hadas…
a cuidar mis sueños, mis ilusiones y mi aliento,
a sanar mi llanto,
a regresarme la fuerza…
Mal día cuando no aparecen
porque es cuando me dejan más golpeado,
y me toca a mí sin tanta magia

recoger los pedazos para volverlos a pegar.

Parece que vivo en un cuento de hadas,
pero nunca dije que lo fuera…
Aun así me gusta,
No sé si será por mis perversiones,
o simplemente por el hecho siniestro,
de extrañar tu cariño cuando más me lastimas.

Dedicatoria

Tantas cosas que agradecer a la vida.
A ti, por haber sido mi Musa hasta ahora…
A los deseos fugaces por haberse esfumado
y convertirse en esta experiencia amorosa…
A mi dolor, que me premió con tu cariño.
Y al camino de la vida, que me llevó a tu encuentro.

Amnesia

Mucho de lo que dices,
siempre se me olvida…

¡Soy tan distraído!

Pero no solo es mi culpa,
creo que tú compartes el pecado,
porque alimentas mi amnesia,
porque siempre me distraes…

Me distraes con tu mirada,
me distraes con tus caricias,
me distraes con tus besos,
me distraes con tus disparates,
me distraes con tus silencios,
me distraes con tu cariño,
me distraes con tantas cosas…

Que estar contigo,
a tu lado,
siempre es una aventura,
siempre es un alimento para mi alma.

Amor mío, compréndeme,
esta amnesia solo es pasajera,
no es substancial.
Es solo que…
¡me distraes con tantas cosas!

Pedazos del alma

Basta un detalle,
una palabra certera,
un golpe en el lugar indicado,
para romper en llanto de nuevo.

Y así nos pasa la vida,
entre risas y carcajadas.
De momentos superfluos,
de momentos fugaces.

¿Somos felices?

Quizás solamente a ratos…

Así nos pasa la vida
entre rutinas y distracciones,
para eludir nuestro entorno,
para eludirnos de nosotros mismos.

¿Así nos conoceremos?

Quizás solamente por fuera…

Y así nos pasa la vida,
entre pérdidas y golpes,
para sentir en lo profundo,
para no olvidar lo que es estar vivo…

¿Pasará el dolor algún día?

Quizás algún día…
Si pudiéramos encontrar todos los pedazos del alma perdidos.

Plaza Río de Janeiro

Y me detuve por un momento…
Admiré al David de Miguel Ángel,
me invité un café y mis sentimientos infantiles se
alborotaron…
A poco más de un mes de tu partida,
me acuerdo de mi primera visita a este lugar…
De tu mano,
de tu voz…
Me gusta empezar a sonreír de nuevo,
me gusta recordarte en vida.
Y me dolerás lo que reste de la mía.
Debo seguir así… queriendo.

Tarde sin ti

Amor mío, esto no es humano.
Esta tarde sin ti,
con tanta ansia por volver a verte,
mira que haberte tenido entre mis brazos,
con esa manera de mirarme
con esa forma de tocarme,
con esos labios carmesí que me sacan de este mundo.

Amor mío, tu ausencia me tortura,
tu lejanía me lastima,
no hay manera de remediar esta ansia por ti...
Espero por ti,
espero por mí,
espero por lo que nos vendrá en el plan divino,
espero y espero,
y vuelvo a esperar...
Esperando me pasa la vida pero no me pasan las ganas,
esperando me vuelve la calma pero no me quita el deseo,
espero por verte,
por tenerte,
por darme...
Lo quiero tanto...
Casi más que lo que te quiero...

Esta tarde sin ti,
amor mío...
Esta tarde sin ti me hace tenerte,
me hace esperarte,
me hace extrañarte...

Esta tarde sin ti me hace desear volver a verte.

Reflexiones

Y pasa la alegría corriendo,
se va tan rápido
que apenas me cambia el humor
cuando vuelvo a mi estado oscuro.

Cómo es molesta la gente
cuando se ocupan de todo,
pero nunca de ellos mismos,
dando consejos para vivir mejor.

¡Cómo me dan risa!

¿Cómo confundir la oscuridad con la tristeza?
Es tan evidente…
¿Cómo no saber que las recetas no funcionan?
Es tan obvio…
¿Cómo atreverse a condolerse cuando no se siente?
Es tan despiadado…

Camino por mi lúgubre páramo,
visito los rincones oscuros del alma a cada rato,
para conectar mis sentimientos,
para elevar mi espíritu
para llorar a los míos…
Los que han partido,
los que se han ido,
los que están por irse,
a los que he dejado…

Con tanto dolor acumulado…

El hundirme en el desierto parece perderme...
Solo ahí, en el dolor,
se hace uno más fuerte...
Solo ahí, en el dolor,
se hace uno más sensible,
solo ahí se descubre lo que es estar vivo...

Esta profundidad oscura no es fantasía,
es un martirio en vida,
un dolor superable solo en la feliz estancia,
aunque las alegrías,
a cada rato...
sigan pasando de lado.

Imprudencias

Amor mío, estoy pensando cómo hacerlo,
y no encuentro forma de decirlo,
eres dulce y delicada...
¡Pero eres tan imprudente!

No sé si solamente sea culpa tuya,
o si la culpa sea toda mía,
porque en cuestiones de dos,
la verdad es que nada se comparte...

Eres tan dulce con tus caricias,
pero tan imprudente con lo que dices...
Eres tan delicada con tus detalles,
pero tan imprudente con las horas para tenerlos...
Eres tan sensible para quererme,
pero tan imprudente con tus arrebatos...

Amor mío, este cariño parece tortura...
Si duermo me despiertas,
si voy, me retraso,
si llego, ya no te encuentro...

No sé cómo hacer para arreglarlo,
porque parece que esto no tiene remedio,
es alimento divino el quererte y que me quieras,
pero simplemente, amor mío,
es que a veces...
¡Eres tan imprudente!

Estando en soledad

Hace muchos años aprendí a estar conmigo…
Antes el pensarme en soledad me atormentaba…
Ya no es así.

Hoy disfruto mucho estando solo
porque la verdad soy muy buena compañía.
En silencio,
pensando,
o solamente imaginando cosas.

Hoy mi soledad me gusta más,
la provoco más,
porque el hecho de tenerte en mi vida
me empuja a estar más tiempo solo,
para tranquilizarme,
para conocerme,
para sentirme…

Cosas extrañas de la vida:
que, estando contigo,
necesito estar más tiempo solo,
para extrañarte,
para pensarte,
para quererte,
para imaginarte.
Simplemente…
para valorar los momentos que pase a tu lado.

Los camellos

Y aquí estamos los dos,
dándome de ti,
dándote de mí,
todo lo que podamos mientras estemos...

Vienen días largos,
no sé cuántos sean,
parecerán los cuarenta del peregrinar por el desierto,
con sus largos días e interminables noches.

Viene distancia,
viene ausencia,
viene abstinencia,
viene recato pero no abandono.

Mientras nos llega la hora,
seguimos aquí los dos,
dándome de ti,
dándote de mí,
abrevando en el oasis junto a tantos camellos,
para llenar nuestra reserva,
para que cuando la ausencia esté...
podamos añorarnos de mejor manera...
Con sonrisa...
Con suspiro...
Y simplemente…
descontando los días que quedan para volvernos a ver.

Convencionalismos

"Hijos fuera de matrimonio", escuché...
Mi sonrisa de medio lado se asomó...
Mi ceja izquierda se levantó...
Mientras el juicio fulminaba a ese anónimo.

Extraña forma de vivir tengo,
que habiéndome formado en las leyes,
trato de ser más substancial
porque la vida siempre es más que apariencia.

¿Que acaso amar profundamente no basta?
¿Que acaso procurar al ser amado no es suficiente?
¿O será que vivir para el otro es superfluo?
¿Que acaso ser un padre ejemplar es cosa nimia?
¿Por qué se le da más peso a la forma que al fondo?

¡Esto de los convencionalismos nos vuelve tan vacíos!

Porque nos dedicamos a cumplir sin saber,
porque nos dicen lo que hay que sentir para ser,
porque todos sugieren...
Pero al final todos están huecos.

Extraña forma de vivir tiene la gente,
que, estando abstraída de sí,
dedica su tiempo a los juicios,
a los reproches lapidarios,
a arrojar las primeras piedras,
sin mirar la desgracia de su vida,
sin saber de la pobreza de su alma.

Pertenencias absurdas

Voy por la vida queriendo,
viviendo a ratos…
muriendo de a poco…

Siempre busco…
no siempre encuentro
algo sublime que me haga creer,
algo frágil que me haga sentir.

Entre tantas cosas locas,
vi a mi cordura escondida en un rincón,
la tomé,
la curé,
la acaricié,
la rescaté y al final…
apareciste tú.

Llegaste a mi vida de manera tan abrupta,
tan insolente,
tan impetuosa
que solo los ojos de mi locura descubrieron tu candidez.

De verdad nadie entiende esto,
ni tampoco entendería por qué te quiero…
Si huyes a cada rato,
me evades para no comprometerte,
te ríes para zafarte o simplemente…
me callas con un beso.

Tan fuerte,

tan profundo…
que nadie necesita entenderlo,
basta con dos para sentirlo.

Así vamos por la vida,
sin desear ser del otro,
porque, en cuestiones de dos,
la verdad es que se trata de uno solo…
No hay fusión…
No hay integración…
No hay nadie que le pertenezca al otro…

Simplemente vamos por la vida,
compartiendo tiempo y pensamientos,
compartiendo momentos y lugares,
compartiendo caricias y sueños,
compartiendo nuestras vidas…
sin pertenencias absurdas.

Me quedé vacío

Amada mía,
solo pensarte me deja exhausto…
Por años te procuré,
te cuidé,
me enloquecí en esta aventura mutua…

Aventura de nuestra vida,
complicidad absoluta,
miradas secretas,
escapadas ocultas…

El tiempo pasa,
la vida se esfuma,
los recuerdos se quedan,
las heridas sangran,
las cicatrices nos recuerdan.

Día a día nos dimos todo,
abrimos el alma,
nos juramos en lo eterno,
y forjamos camino…

Noche a noche elevamos nuestro espíritu,
nos fundimos en el otro,
nos creímos perpetuos,
y engañamos por un rato al destino.

Amada mía,
solo pensarte me deja exhausto…

Por años te procuré,
te cuidé,
y me quedé vacío...

Suplicio

No sé cómo acomodarme,
esto es tan conocido
que busco la mejor manera para sufrir menos,
mi camino hacia el cadalso me lleva,
por los antiguos pasos de mi otra muerte...

Así son mis fracasos,
uno detrás del otro,
este dolerá más,
sangraré más...

Clamo por indulgencia divina,
para que, en la hora del suplicio,
pueda morir más pronto.

Yerros

Pensé que nos dábamos...
Y me equivoqué,
a ciegas confié,
sin reservas me di,
fui torpe,
y al final…
me agoté.

Arrástrame al abismo

Amor mío, llévame contigo,
toma de mí lo que quieras,
si ese tu deseo,
hasta en tu caída puedo estar.

Y es que, amada mía,
con este amor que te profeso,
toma de mí lo quieras,
arrástrame al abismo contigo…

Aunque solo sea por un rato.

Te fuiste así

Te fuiste así...
con coraje mordiéndote por dentro...
Y yo que esperaba despedirme
como aquello que un día fuimos...

Amantes sin razones,
cómplices de secretos y locuras,
compañeros de por vida...
Y tú te fuiste así...

Mordiéndote el alma,
cayéndote a pedazos,
enojándote contigo,
para culparme de todo...

Amor de mi vida has sido,
al menos hasta hoy lo fuiste;
si para tu bien te ayuda,
crucifícame una y otra vez...

Mátame en silencio,
desángrame poco a poco,
haz lo que sea, amor mío,
para que salgas de tu infierno pronto...

Tortúrame creativamente, amada mía,
solázate con mi castigo,
imagina que imploro por piedad,
porque yo... ya no estoy aquí.

Te fuiste así...
con coraje mordiéndote por dentro...
Y yo que esperaba despedirme
como aquello que un día fuimos...

Amantes sin razones,
cómplices de secretos y locuras,
compañeros de por vida...
Y tú te fuiste así...

Apenas te conozco

Apenas te encontré,
y tu mirada me atrapó,
haces que mi alma vuele,
pero no sé lo que sientes,
ni tampoco lo que piensas,
porque apenas te conozco…

Te sigo pensando,
y mi corazón latiendo,
la duda me asalta,
en lo que pasan mis mañanas,
queriendo saber si pensarás en mí
en algún momento de tus días.

Apenas te vi,
y tu sonrisa me iluminó…
Haces que mi alegría se dibuje,
pero no sé si lo sabes,
ni tampoco lo que piensas,
porque apenas te conozco…

Aniquilando tu ausencia

Te fuiste y aun así,
tu presencia ilumina todo...
Dejaste tu dulce aroma por doquier...
Con tanta fuerza
que tu estela permanece...
Aniquilando tu ausencia
llenando de vida todo.
Y tu recuerdo...
se imprime con más fuerza que ayer.

El que siempre muere

¿Cuándo aprenderé en la vida?
Siento mucho y quiero tanto
que me doy sin medida,
y al final siempre salgo lastimado.

Parece que no aprendo nada,
porque soy yo el que quiere,
soy yo el que conquista,
soy yo el que inventa,
soy yo el que enamora,
soy yo el que cuida,
soy yo el que queda vacío,
y el que siempre muere….

Y es que esto de querer tanto,
me vuelve ciego,
porque me vuelco,
armo la historia de amor,
y nunca veo que no me corresponden,
solamente me reciben,
después me exigen,
y más allá me reclaman…

Nunca mis quereres han sido recíprocos,
y al final soy yo el que queda ciego,
soy yo el que queda vacío,
y el que siempre muere.

Sentir más y hablar menos

Quisiera sentir más,
y hablar menos...
Porque, cuando uno habla,
la mente engaña,
la mente evade,
ignora al sentimiento.

Quisiera sentir más,
y hablar menos,
para besar sin freno,
para encontrarme con quien me ame,
para huir pronto de quien me hiera.

Quisiera sentir más,
y hablar menos,
para tener el corazón siempre abierto,
para seguir buscando hasta encontrarte,
para saber que mi vida tiene otro sentido.

Amor mío,
quisiera sentir más,
y hablar menos,
para que no me malinterpreten,
para que nunca falten momentos,
para sentir siempre que estoy vivo.

Excelso y breve

Tan excelso y breve,
tan sublime y fugaz,
tan perfecto y tan esporádico...

Amada mía,
así fue tu amor
hasta que mi calma se rompió de tanta espera,
de esperar por ti,
de esperar que fuese de verdad,
de esperar que fuéramos los dos...

Me llevo lo bueno para mi historia,
de aquello excelso,
de aquello sublime,
de aquello perfecto...

Dejo lo malo para tu historia,
de aquello breve,
de aquello fugaz,
de aquello tan esporádico...

Amada mía,
así fue tu amor,
excelso y breve...
Que, por lo bueno de mi historia,
te llevaré con cariño por el resto de mis días.

Tus manos

Amor mío,
en este paso agitado…
con este pecho oprimido…
con esta alma agotada…

Quisiera saber que con el toque de tus manos,
estaré bien,
que mi miedo se esfumará…
que mi dolor se calmará…
que mi mal se disipará…

Y es que, Amor mío,
en este paso agitado…
con este pecho oprimido…
con esta alma agotada…
me hacen falta tus manos…
para surcar la oscuridad de mis días.

Mi futuro

Mi futuro es hoy…
Porque hoy voy verte,
a decirte que te quiero,
a decirte que te extraño,
hoy voy a tocarte,
hoy voy a besarte profundamente,
hoy voy a fundirme contigo…

Amada mía,
el futuro de mi tiempo es hoy,
porque en el mañana no sé si yo exista,
no sé si la vida me alcance…
Porque el mañana no lo espero.

Soliloquios

Amor mío,
estos soliloquios me están matando...
Es como hablar con tu retrato,
y esperar que en algún momento me conteste.

La distancia ingente me avasalla
porque te pienso a cada instante,
no importa qué haga ni dónde esté,
porque apareces en todos lados.

Ocupo mis días en mí,
tratando de resolver encrucijadas,
y tampoco me sirve de nada,
porque ahí te encuentro siempre.

Estos soliloquios me matan de a poco,
porque no importa dónde esté,
tampoco qué haga ni con quién hable,
te asomas y yo...
Sigo descontando los días para que vuelvas.

Corazón caído

¡Ay, corazón caído!
Que apenas te levanto y te veo contento...
Aunque mis miedos vuelvan,
mis dolores los sientas,
y mis demonios te muerdan.

¡Ay, corazón mío!
Paradoja de mi vida es disfrutarte
para saber que no estarás caído,
y esperar que caigas de nuevo,
para levantarte una vez más.

¡Ay, corazón caído!
Quiero levantarte aunque ya no quieras,
quiero levantarte aunque ya no creas,
quiero levantarte aunque ya no quieras enseñar nada,
quiero levantarte hasta que se me acaben las fuerzas,
hasta que sea nuestro tiempo,
hasta que nuestra aventura termine.

Volando lejos

Quiero volar alto,
quiero volar lejos,
quiero volar libre…

Saber que los límites los pongo yo,
conocer los límites a los que puedo llegar…

Quiero volar alto,
quiero volar lejos,
quiero volar libre…

Y al final de la jornada regresar a mi origen,
en donde estoy seguro,
en donde estoy a salvo…

Quiero volar alto,
quiero volar lejos,
quiero volar libre…

Y, al final de la travesía cotidiana,
guarecerme en mi refugio,
para estar tranquilo,
para ilusionarme con encontrarte de nuevo,
una y otra vez.

Rigor mortis

Las fuerzas se agotaron,
la lucha terminó,
el último aliento ha sido exhalado,
para despedir a este amor,
que finalmente murió.

Me empeñé por mantener vivo el recuerdo,
por conservar lo bello que se tuvo,
hasta que las saetas lanzadas
convencieron a mi alma de que si acaso algo hubo
ya nada queda.

Agradecimientos

Agradecido con la vida
por encontrarte en el lugar más inesperado,
por coincidir contigo,
por tu mirada amable,
por tu mano franca y tu voz dulce,
que rompe el hielo de mi soledad…

Agradecido con la vida
por sentir tu presencia con solo tu aroma,
por iluminar mis días con el brillo de tus ojos,
por alegrar mi corazón con la candidez de tu sonrisa…

Agradecido con la vida
por hacerme esperar el siguiente día con la ilusión de verte,
por seguir esperando encontrarte,
por encontrarte en un tiempo que no es el nuestro,
por dejar la puerta abierta para buscar el tiempo,
por ese tiempo que quizás nunca llegue…

Agradecido con la vida
por seguir buscando y morir en el intento,
por saber que las travesías mutuas quizás nunca inicien,
por saber que la aventura de la vida vale la pena,
por escribir estas cosas,
Y seguir llorando en silencio…

Dejándote

Amor mío,
me has llevado al paraíso,
y estás haciendo que me enamore...

Quizás deba dejar de quererte,
o tratar de frenar mi cariño,
pero no sé cómo hacerlo,
cómo contener esto, que sigue creciendo...

Amor mío,
me has traído al paraíso,
y estás haciendo que te ame...

Quizás deba dejarte ahora
porque con mis apegos no puedo,
y con mis ilusiones tampoco...

Quizás deba esperar a que te vayas...
y acostumbrar a mi alma a que se quede rota,
cada vez que me enamoro.

Si hablo fuerte

Si hablo fuerte es porque no despiertas,
te hablo suave y sigues soñando,
y no sientes ni me escuchas,
brincas de un sueño a otro.

Si hablo fuerte es para que despiertes,
quiero que abras los ojos y me veas,
porque tal vez no soy el de tu sueño,
ni tampoco el que te rescate.

Si hablo fuerte es para que despiertes,
para que mires profundo,
para que hagas caso a lo que sientes,
para que no te pierdas la inmensidad del mundo.

Si hablo fuerte es para que te veas,
para que llores la herencia perdida,
para que tomes las riendas de tu vida,
y nunca más te distraigas de tu destino.

Quererte tanto

Quererte tanto me duele
porque no sé cuánto más dure
esta historia que a diario vive y a diario muere.

Quererte tanto me pasa a diario,
y quererte tanto me pesa diario,
porque no sé qué hacer con tanto.

Quererte tanto me duele
porque cada día más te sueño
y falta menos para perderte.

Quererte tanto me duele
porque, en cada día que te quiero,
cada noche me hundo en mi lamento.

Quererte tanto me desangra
porque se van los días y nuestro tiempo pasa.
Quererte tanto me mata…

Porque sé que tendremos que decirnos adiós.

Buenos deseos

Cómo quisiera tomarte en mis brazos,
así podría confortarte tanto,
recargar tu cabeza en mi hombro,
para que llores segura hasta que caigas de cansancio.

Cómo quisiera secar tus lágrimas,
y hacer cosas para que nunca más te entristezcas,
guardar las mejores sonrisas,
para dártelas por si alguna vez más tropiezas.

Cómo quisiera besarte profundo y lento,
y en esa pausa llevarme el dolor que tengas,
sacarlo de tu pecho y de tu alma,
y soltarlo para que lejos se lo lleve el viento.

Cómo quisiera que este trago amargo pase pronto,
que tus heridas cierren,
que tus recuerdos te sostengan,
y tus sentimientos se protejan en lo hondo.

Cómo quisiera no sentirme impotente,
y hacer algo extraordinario para sostenerte,
porque estos son solo buenos deseos,
y sentarme a tu lado no sé si sea suficiente.

Recogiendo pedazos

Camino paso a paso,
mi andar es más pesado,
y cada vez es más pausado,
quizás por este tiempo transcurrido,
que los años vividos me dan el temple necesitado.

Camino paso a paso,
y en mi andar recojo pedazos,
pensé que otra vez me había roto,
hasta que me enseñaste que no eran cachos perdidos,
sino piezas perfectas de mi vida.

Camino paso a paso,
de cada pieza que recojo,
me reinvento de nuevo,
acomodo lo que falta,
para armar esta historia… que solo es mía.

Tu abandono

Amada mía,
hoy gracias a ti lloro…
Tu abandono me mostró mi pertenencia,
que queriendo saberme tuyo,
solo destinaste indiferencia.

Amada mía,
hoy gracias a ti suspiro…
Tu abandono me mostró mi pertenencia,
que queriendo compartir el mundo,
sentimiento de orfandad es mi penitencia.

Amada mía,
hoy gracias a ti camino…
Tu abandono me mostró mi pertenencia,
que queriendo recorrer la vida contigo,
entiendo que solo me tengo a mí para vivir mi existencia.

Carpe diem

De mi puño y letra,
con el corazón en mano,
con el alma llena,
con la sonrisa en los labios,
con la fuerza del viento,
con la libertad de los justos,
con los sueños de los niños,
con los anhelos de los héroes,
así, con el corazón en mano,
de mi puño y letra,
así de simple,
así de fuerte,
amor mío,
así es como hoy te amo.

Comienzo a perderte

Nunca has sido mía,
y, cuando más cerca te tengo,
comienzo a perderte.
No sé si fue mi inconsciencia
o tal vez mi impaciencia.
No sé si mi sinceridad me condena
o si mis fantasías me engañan,
el hecho es que con mis incongruencias me acorralas
para verte cada vez más lejos.

Nunca has sido mía,
y, cuando más cerca te tengo,
comienzas a desvanecerte.
No sé si solo eres un sueño
o si en mis sueños te he encontrado.
No sé si mi realidad me golpea
o si el corazón me ha engañado.
El hecho es que con mis temores me enfrento
para descifrar si hoy mismo te pierdo.

Corazón eterno

Ay, corazón eterno,
con cada momento me sorprendes,
que creyéndome un ser amoroso,
me enseñas que soy un ser triste que nadie entiende.

Porque siempre río,
porque siempre sonrío,
siempre quiero,
pero, al final…
siempre muero.

Ay, corazón sincero,
con cada momento me sorprendes,
que creyendo buscar amor perenne,
me enseñas que solo hay para mí intensidad breve.

Porque siempre me ilusiono,
porque siempre vuelo,
siempre me enamoro,
pero, al final…
mi destino es quedar solo.

Ay, corazón eterno,
con cada momento me sorprendes,
que creyéndome un ser amoroso,
me enseñas que soy un ser triste que nadie entiende.

Inminente adiós

Con tu curiosidad descubriste la incongruencia
de quererte tanto y perderte en breve
que por evitar desangrarme
te rompí el corazón aquel jueves.

Este amor se nos va de las manos,
sin que podamos detener tu partida.
Cada día que pasa restan menos
de esta historia de nuestra vida.

No se sí la distancia sea tolerable,
o simplemente la ausencia sea tortura interminable.
Quizás el tiempo las cosas acomode,
o simplemente nos quede el recuerdo perenne.

Amada mía, ante nuestro inminente adiós,
me queda quererte tanto y morir a ratos.
Guardarme en soledad para curar lo herido,
y sortear con tu recuerdo el resto de mis días.

Reclamos

"Imbécil", le dijo a su amado...
Jamás entendió la musa que, para dejarla libre,
le tenían que romper el corazón.

"Imbécil", llamó otra vez al amado...
Jamás creyó la musa que queriéndose en lo intemporal
la vida les destinó final claro...

Amorosa incongruencia,
debilidad manifiesta
de tratar de evitar más dolor ante la inminente partida.

Carpe diem II

De mi alma abierta y con el corazón en mano,
te mando una acaricia tierna,
el beso más dulce aún no dado,
la sonrisa más pura,
el abrazo más deseado,
mi mano franca,
mi paso firme y la fuerza de mis brazos,
así, amor mío,
con el alma abierta y el corazón en mano,
así es como hoy te quiero,
en todos aquellos días que no estés a mi lado.

Cuando se acabe mi tiempo

Cuando se acabe mi tiempo...
quisiera haber querido sin límites
para dejar un legado...

Quisiera saber que cada día vivido
fue como el último, y haber vivido algo extraordinario...

Quisiera dar buena cuenta de mi jornada
y haber dicho más de lo esperado...

Quisiera disfrutar como los viejos lo han añorado
y haber sufrido solo lo que es debido...

Quisiera haber hecho algo cotidianamente inolvidable...
así sabré que, cuando mi tiempo se acabe,
simplemente me dediqué a vivir.

Sinonimias absurdas

Ay, mi vida llena de incongruencias,
que el equilibrio no encuentro,
siempre hay alguna exigencia,
y en los extremos me pierdo.

Ay, esta sinonimia en lo absurdo,
entre lo romántico y lo estúpido,
que por querer tanto,
nunca veo al destinatario correcto.

Se confunden mis tumbos con mis pasos,
haciéndome cada vez más pequeño,
volviendo más pobre al insensato,
y yo… me rompo el alma con cada hundimiento.

Y es que esta incongruencia de vida
me ha golpeado con tanto fracaso
que aun no entiendo esta debilidad mía
de tirar mi amor en cualquier lugarejo por el que paso.

Juego siniestro

No sé por qué me torturo a cada rato
de romperme cuando menos quiero.
Nada hay que me conforte en mis horas,
tengo el corazón expuesto...

Juego este juego siniestro,
que me ensombrece el alma.
Este juego oscuro de los demonios,
por conocerme,
por condenarme,
por perder la calma...

Frente al espejo me conforto,
con mi dolor como ungüento,
con mis errores a cuestas,
sin fuerzas para el enmiendo.
Ahí es cuando me llega la calma,
espero paciente,
y veo con pausa cómo mis heridas me desangran lentamente.

Sin asidero

Apenas se quebró mi conciencia
y me quedé sin asidero,
pensé que tú me sostenías.
Hoy entiendo que no era cierto.

La orfandad me inunda,
para vivir somos huérfanos.
La soledad es profunda,
cuando compartes suspiros, cuando compartes momentos.

Mi paso cansado no tiene sostén...

Mis lágrimas limpian la corrupción de mi alma,
mi dolor me sostiene,
mi soledad me acompaña...

Para vivir somos huérfanos,
porque solo compartimos suspiros,
               solo compartimos, si acaso, momentos.

La Musa rota

Apenas empezaste a elevarme,
apenas empecé a sentirte,
pensé que me llevarías de la mano,
y tú me abandonaste a mi suerte,
me dejaste en el primer rato...

Mi musa rota,
que en tu indiferencia reclamo,
porque no me inspiras más allá del abandono,
no me das más allá de la añoranza
no me das más allá de estas ganas,
que, habiéndote deseado para rato,
en el primer intento me dejaste...

Mi musa rota,
¿cómo ayudarme?
¿Cómo iluminarme?
¿Cómo alegrarme?
Para no escribirte...
Para que no me duelas...
Para no vuelvas a inspirarme...

Mi musa rota...
tan caprichosa
que no eres lo que deseo…
Es lo que das, es lo que flota...
Es lo que eres,
inspiración en el sentimiento que explota.

Mi musa rota,
aquí estoy sin ti,
sufriendo, escribiendo...

Para este corazón

Amada mía,
haberte querido tanto,
haberte profesado con mi alma,
haber hecho de mi amor un culto...

Y tú, amor mío,
con esa delgada silueta,
con esa risa controlada,
con esas ganas calculadas,
con ese pelo chino,
con esa piel plateada,
y con esas piernas tan largas...

¡Te quedaste tan corta para este corazón!

Este corazón tan grande para tus frenos,
este corazón tan tierno para tu universo,
este corazón que fue tuyo porque así lo quiso,
Y tú...

¡te quedaste tan corta para este corazón!

¿A QUÉ HORA NOS ROMPIMOS?

Amor mío,
¿a qué hora nos rompimos?
De habernos querido tanto
ahora nada más nos ofendemos.

De secretos amantes,
haber sido incondicionales amigos,
hoy en las cenizas te esmeras,
en tratarnos como los peores enemigos.

Ya no respetamos el tiempo que estuvimos,
ni tampoco nos detenemos ante el recuerdo,
ya no nos importa el tiempo vivido,
hoy pareces disfrutar el tirarme al degüello.

Me duele el alma...
Me duele habernos perdido,
me duele todavía quererte,
me duele más odiarte,
me duele jugar a amarte,
para después poder torturarte...

Amor mío,
¿a qué hora nos rompimos?
De habernos querido tanto
ahora nada más nos lastimamos...
Tiramos por la borda lo bello que tuvimos.

Los días buenos

Me duelen los días buenos
porque los quiero para siempre,
y se me van de las manos...

El gozo me duele,
el amor es triste,
el amante muere,
la ilusión renace,
y el sentimiento crece...

Este amor triste,
este amor que crece,
este amor que vive a diario,
que a diario duele,
que en el día me ilumina,
y en la noche se muere.

Me duelen los días buenos
porque los quiero para siempre,
y se me van de las manos...

A CADA RATO

Amor mío,
desde el primer día que te vi,
mi corazón se aceleró,
mis ojos se clavaron en los tuyos,
y este sentimiento me inundó...
Sabía que me perdería en ti.

Paso mis días así,
porque de tu mano vuelo,
a tu lado me siento confortado,
de tu sonrisa me alimento,
en tu deseo me pierdo,
y de quién sabe qué tantas cosas más descubro,
a cada rato...
Con cada beso.

Cada beso

Cada beso es más extraordinario y no lo entiendo…
No sé qué me has hecho,
¿acaso me has embrujado?
Tanto tiempo en mi vida, tantas cosas,
que hoy haces que me sienta amado.

Cada beso es más extraordinario
porque no me explico lo que pasa,
es algo que en mí crece y que en el ambiente flota.
Es verte, es extrañarte,
es sentir como mi pecho explota.

Cada beso es más extraordinario.
No sé si será mi absurda demencia,
o será que más pueden las ganas,
o que quizás ya no tengo paciencia,
o simplemente que…
en calma…
mi corazón empieza olvidar cómo se siente estar lastimado.

Fracaso

No eres un fracaso,
simplemente no éramos para siempre…

No eres un fracaso,
simplemente eres tramo en mi camino…

No eres un fracaso,
eres alguien a quien quise profundamente…

No eres un fracaso,
simplemente quieres poco,
usas mucho,
controlas siempre,
te frenas a cada rato,
y con tanto amor no sabes para dónde dar tus pasos.

No eres un fracaso en mi vida, amor mío,
porque fuiste algo extraordinario,
porque te quise como a mi gran amor…

No eres un fracaso en mi vida,
no sé si seas un fracaso para la tuya.

Abstracción

Y los miro a mi lado,
son tan lejanos...
los oigo sin escucharlos...
me pierdo entre tantos...

Todo a mi alrededor es tan ajeno
que me pierdo en este universo mío.
Estoy conmigo...
Estoy sin ti...
Sin nadie...
Y vuelvo una y otra vez en mí...

A mi soledad,
A mi consuelo,
A mi añoranza,
de correr de nuevo a tu encuentro.

Oscuridad etérea

Me siento roto…
Mi fuerza se rompió,
mi empuje se atascó,
y mis preguntas se quedaron sin respuesta…

La vida otra vez me sacudió,
la muerte de los míos me cimbró
como nunca pensé,
como ni siquiera imaginé…

Mi esquema incongruente se volvió,
ya nada me ilusiona…
Mi miedo en otro lado se metió…
Ya nada me llena…

Poca fuerza me queda
para salir de esta oscuridad etérea.

El recorrido

Y tu pelo cae con esa fuerza,
con el toque de mis manos,
tu cuello me provoca,
imposible detener el impulso de mis labios…

Intento detenerme,
pero todo es inútil,
ya el recorrido ha empezado,
y tú no haces nada por contenerme…

Lentamente recorro tu espalda,
apenas suspiros arranco,
bajar a tu cadera rompe tu calma,
y enciendo el ardiente deseo…

Bajo por lo torneado de tus piernas,
como un vasallo a tus pies me tienes,
y subo de la manera más tierna,
para detenerme en ese tesoro que guardas…

Sigo de camino al cielo,
explorando cada centímetro de tu vientre,
no hay cómo contener este anhelo,
revoloteando en tu pecho quisiera estar siempre…

Mis labios siguen con rumbo norte,
hasta encontrarme tu boca,
besar tus labios incólumes
es el sueño que mi alma evoca…

Y así llega el momento claro,
de fundirme y hacernos uno mismo.
Más allá de los tiempos y de los plazos
empiezo de nuevo… ya no hay espejismos.

Añoranza eterna

Recorro tu cara...
recorro tu cuerpo,
con delicadas caricias,
con los más dulces besos.

Me fundo contigo,
te llevo a volar,
de mi mano...
con mi abrigo.

Y justo ahí...

Cuando más nos elevamos,
cuando estamos por tocar el cielo,
abro mis ojos para buscarte,
y ya no te encuentro.

De mi lecho has partido...
De mi vida te has esfumado...

Esta añoranza es eterna,
este sueño me pasa siempre,
por eso a mi alma el sueño la conforta,
porque quizás mi corazón nunca te encuentre.

Tiempo

Tiempo implacable,
tiempo injusto,
tiempo inmisericorde...
Porque lento pasa en mis días en que no la tengo,
es una espera que parece agonía en lo eterno...

Tiempo implacable,
tiempo injusto,
tiempo inmisericorde...
Porque vuelas cuando empiezo a disfrutarla,
es una vida que en la breve intensidad me acaba...

Tiempo implacable,
tiempo injusto,
tiempo inmisericorde...
Porque lento pasan los días en que me hace falta.
Eres paradoja que juega entre lo que aviva y lo que me mata.

La telaraña

¡Era tan extraño vivir con una telaraña en la testa!
Que las ideas más claras
siempre iban por el camino equivocado...

Nada importaba lo disfrutado,
tampoco lo entendido,
menos aún lo deseado,
lo sufrido, lo caminado...

¡Era tan extraño vivir con una telaraña en la testa!
Que las esencias más puras
con cualquier duda se tornaban en mi peor condena...

Porque siempre había algún prejuicio,
todo el tiempo me daba algún sermón,
siempre pasaba por la mente,
alguna forma de castigar la inocente intención.

¡Era tan extraño vivir con una telaraña en la testa!
Hasta que empecé a hacerlo simple...
a ignorar las preguntas que no ameritan respuesta.

Regalos inesperados

Por cada paso,
para cada golpe,
algo que siempre duele,
una cicatriz más que queda.

Y es que esto de vivir
me ha resultado tan intenso…

Que por cada duda,
para cada respuesta,
una cordura sacudida,
un corazón con el alma expuesta…

Y es que esto de vivir te brinda regalos inesperados,
que sin buscar nada,
siempre encuentro algo extraordinario.

Oración dominical

Que nunca olvide mi tristeza
para poder disfrutar la alegría...

Que nunca deje de sentir dolor
para aliviarme cada vez que me acaricias...

Que nunca deje de caer al abismo
para que me rescates cada vez que te quiera...

Y entre tantas cosas dolorosas...

que nunca olvide mis momentos felices
para poder sortear la oscuridad de mis penas;
que nunca me caiga el cansancio
para continuar escribiendo la extraordinaria historia de mi vida.

Beso borrado

Y te busqué en un beso no dado,
en el beso fugitivo,
en ese beso borrado…

Esperando encontrarte,
esperando tocarte,
en espera de descubrirte,
con las ganas de inventarte…

Simplemente esperando…
simplemente deseando…
deseando que el tiempo pase…

Y que la vida me lleve a tu encuentro,
que te descubra para seguir mi camino,
que seas tú de mi alma el destino,
y que la lluvia al final ahogue mi lamento.

Alas rotas

Quiero llorar hasta que se me acaben las lágrimas,
y no se acaban...
Sigo triste y nada me conforta,
ni siquiera seguir llorando lo logra...

Me siento con las alas rotas,
y no sé cuánto me tarde en curarlas,
no sé cuándo volveré a volar,
no sé siquiera si lo volveré a intentar...

Quiero gritar hasta que se me acabe la voz
y que mis fracasos se los lleve el viento.
Quiero quedarme sin aliento,
quiero dejar de sentir lo que siento...

Otra vez caí,
esta vez más profundo,
esta vez más oscuro,
esta vez me rompí...

Me siento solo

Me siento solo,
me siento incomprendido,
porque ni siquiera yo me entiendo...

Me miro al espejo,
y nunca me descubro,
aunque me encuentre desnudo...

Nada me conforta,
nada me llena,
nada me reta,
nada me regocija,
nada me importa...

En el mar de mis dudas,
me arrastro a las profundidades,
y lo que encuentro me sigue pareciendo poco...

Me parece poco para lograr paz,
me parece poco para vivir,
me parece poco para creer,
me parece poco para querer,
me parece nada para intentar amar...

Quisiera ser más común,
para preguntarme menos,
para no sufrir tanto,
para hacerlo más simple,
para tener un corazón tierno.

Quiero llorarte

Hoy quiero llorarte,
porque ya finalmente te deje ir.
Ya me cansé de luchar,
de luchar contigo.

Hoy quiero extrañarte,
porque finalmente te quiero perdonar.
Ya me cansé de llorar,
de llorar por lo que quise que fuera...

Hoy quiero quedarme contigo,
porque fuiste el gran amor de mi vida.
Ya me cansé de reprocharme,
si esta gran historia fue tuya, fue mía.

Estoy cansado

Estoy cansado de suspirar
porque mi corazón se acelera,
y mi alma ya no sé qué es lo que espera,
en esta espera que no cesa, que crece y que pesa...

Estoy cansado de esperar,
de esperar y pasar la espera,
esperando solamente con lo que siento,
enloqueciéndome con todo esto que pienso.

Estoy ansioso por saber,
sin saber nada, si es que en esta vida estarás conmigo,
o si me mantendré buscando,
eternamente deseando tu abrigo.

Pensar en ti

No sé si pensar en ti sea extrañarte,
porque te siento dentro...
Mi corazón se acelera y se esfuma mi aliento.

No sé si pensar en ti sea extrañarte,
porque ilusionas mis días con tenerte,
con abrazarte...

No sé si pensar en ti sea ilusionarme,
o simplemente juegue a desgarrarme
porque quizás nunca te encuentre...

No sé si pensar en ti sea desangrarme en vano,
porque cuando empiezo a ver claro,
te busco y ya te has esfumado.

Así te quiero para siempre

Así te quiero para siempre,
con la sonrisa dibujada,
con mi rostro calmado,
con el espíritu en calma...

Así te quiero para siempre,
con los buenos recuerdos,
y las travesuras de antaño,
con los besos, las risas, las cosas de aquellos felices años...

Así te quiero para siempre,
porque ya no estamos juntos,
porque ya no hay un nosotros en el camino,
con los buenos recuerdos de todo lo vivido...

Así te quiero para siempre
porque aunque estés tentada a hacernos daño,
te llevo así con lo que te quiero, con lo que di,
con lo que tuve y con lo que ya no te extraño...

Así te quiero para siempre,
con lo que te perdono y me perdono,
para la gran historia de mi vida,
con todo esto que es con lo que me quedo...

Y me lo quedo para siempre.

Sin aliento

Me quedo sin aliento...
Al verte,
al tocarte,
al conocerme...

Me quedo sin aliento,
al buscarte y encontrarte,
al romperme y destruirme,
al curarme y lograr mi reencuentro...

Me quedo sin aliento,
de fantasearte y conquistarme,
de volar tan alto con las alas rotas,
de querer que mi dolor se lo lleve el viento...

Me quedo sin aliento,
cada vez que por ti suspiro,
cada vez que muero y cada vez que vivo,
cada vez que entrego y te miro...

Me quedo sin aliento,
cada mañana,
viendo pasar la vida,
sentado aquí frente a la ventana.

Fracasos

No son experiencias,
son fracasos.
Así de simple.
Así de claro.

Porque busco ser feliz
en esta vida ingrata,
que me ha enseñado a sufrir,
que me ha arrebatado la calma.

No son experiencias,
son anhelos.
Así de puros,
de mi alma deseos.

Porque busco ser feliz,
y solo lo logro a ratos,
aun con la poca luz que tengo,
quisiera fuera algo logrado.

Ternura perdida

Cómo no quererte tanto,
si me sacas de balance a cada momento:
apenas me separo por un rato,
y ya quiero correr por tu abrazo, por un beso…

Y cómo no desearte siempre
si con tu sola mirada me pones a volar.
Mis poros reclaman por ti más allá de lo breve,
que al terminar este trance solo a tu lado quiero estar.

Y cómo no cuidarte tanto
si me curas a cada vez que me rompo,
me tomas en tus brazos y enjugas mi llanto,
para dejarme emerger de nuevo, más alto.

Y cómo no esperarte siempre
si en mi jornada lucho encarnizadas batallas.
Y cuando emprendo vuelta a refugiarme,
al final, la ternura perdida de mi corazón es lo que hallas.

ÍNDICE

Prólogo	5
Buscando perderme	8
Frente a fuego	9
El tintero	10
Siento tanto	11
No quiero que se acabe	12
A la deriva	13
Cuento de hadas	14
Dedicatoria	16
Amnesia	17
Pedazos del alma	18
Plaza Río de Janeiro	20
Tarde sin ti	21
Reflexiones	22
Imprudencias	24

Estando en soledad	25
Los camellos	26
Convencionalismos	27
Pertenencias absurdas	28
Me quedé vacío	30
Suplicio	32
Yerros	33
Arrástrame al abismo	34
Te fuiste así	35
Apenas te conozco	37
Aniquilando tu ausencia	38
El que siempre muere	39
Sentir más y hablar menos	40
Excelso y breve	41
Tus manos	42
Mi futuro	43
Soliloquios	44

Corazón caído	45
Volando lejos	46
Rigor mortis	47
Agradecimientos	48
Dejándote	49
Si hablo fuerte	50
Quererte tanto	51
Buenos deseos	52
Recogiendo pedazos	53
Tu abandono	54
Carpe diem	55
Comienzo a perderte	56
Corazón eterno	57
Inminente adiós	58
Reclamos	59
Carpe diem II	60
Cuando se acabe mi tiempo	61

Sinonimias absurdas	62
Juego siniestro	63
Sin asidero	64
La Musa rota	65
Para este corazón	67
¿A qué hora nos rompimos?	68
Los días buenos	69
A cada rato	70
Cada beso	71
Fracaso	72
Abstracción	73
Oscuridad etérea	74
El recorrido	75
Añoranza eterna	77
Tiempo	78
La telaraña	79
Regalos inesperados	80

Oración dominical	81
Beso borrado	82
Alas rotas	83
Me siento solo	84
Quiero llorarte	85
Estoy cansado	86
Pensar en ti	87
Así te quiero para siempre	88
Sin aliento	89
Fracasos	90
Ternura perdida	91

Editorial LibrosEnRed

LibrosEnRed es la Editorial Digital más completa en idioma español. Desde junio de 2000 trabajamos en la edición y venta de libros digitales e impresos bajo demanda.

Nuestra misión es facilitar a todos los autores la edición de sus obras y ofrecer a los lectores acceso rápido y económico a libros de todo tipo.

Editamos novelas, cuentos, poesías, tesis, investigaciones, manuales, monografías y toda variedad de contenidos. Brindamos la posibilidad de comercializar las obras desde Internet para millones de potenciales lectores. De este modo, intentamos fortalecer la difusión de los autores que escriben en español.

Ingrese a www.librosenred.com y conozca nuestro catálogo, compuesto por cientos de títulos clásicos y de autores contemporáneos.

www.ingramcontent.com/pod-product-compliance
Lightning Source LLC
Chambersburg PA
CBHW030403250426
43670CB00049B/199